MÉMOIRE

à consulter

DANS LA

CAUSE DE L'ABBÉ MATTEI

VICAIRE A CORTE

PRÉVENU D'AVOIR, EN CHAIRE, CENSURÉ ET CRITIQUÉ
LE GOUVERNEMENT.

BASTIA
IMPRIMERIE FABIANI.

1880.

MÉMOIRE

à consulter

DANS LA

CAUSE DE L'ABBÉ MATTEI

VICAIRE A CORTE

PRÉVENU D'AVOIR, EN CHAIRE, CENSURÉ ET CRITIQUÉ LE GOUVERNEMENT.

BASTIA
IMPRIMERIE FABIANI.

1880.

Le 31 Décembre 1879, l'abbé Mattei, vicaire à Corte, faisait, dans l'église paroissiale de cette ville, le discours d'usage.

Le discours se terminait ainsi :

« Répandez, Seigneur, vos abondantes bénédictions sur notre chère France ; jetez sur elle un regard de miséricorde, et ne la laissez plus gémir sous le poids des passions humaines. Il est vrai que cette noble nation, en s'écartant des principes de la saine raison et en abusant de vos grâces, devait s'attendre à éprouver les effets de votre colère. Mais n'a-t-elle pas été assez châtiée, humiliée, foulée aux pieds ? N'a-t-elle pas assez expié son impiété et les trahisons de quelques-uns de ses enfants dénaturés ? Ah ! exaucez les ardentes prières de tant d'âmes d'élite, prières qui chaque jour montent vers vous comme un encens d'agréable odeur. Ne soyez pas insensible à tant de larmes qui ont été versées pendant deux lustres environ.

« Pénétrés de componction, nous vous demandons tous pardon du fond du cœur, en vous promettant de mener désormais une vie plus chrétienne, une vie plus conforme à votre sainte loi ; et si le repentir n'existe pas encore dans le cœur de quelques hommes aveuglés, nous vous demandons pardon pour eux, à l'exemple de votre divin fils. Oui, pardonnez-leur, car ils ne savent pas ce qu'ils font. Pleins de confiance, nous avons recours à vous, Seigneur, à vous qui pardonnâtes au peuple d'Israel qui était votre peuple bien-aimé, toutes les fois qu'il fit pénitence pour ses iniquités, à vous qui lui envoyâtes toujours un prophète pour le délivrer de l'esclavage du péché et le conduire dans la voie du salut et de la paix ; nous avons recours à vous, en vous priant très instamment d'envoyer à nous aussi qui sommes les enfants de cette France catholique, fille aînée de l'Église, un de ces prophètes, *(un simile profeta)* que nous attendons avec tant d'anxiété. Qu'il vienne donc enfin en votre nom ce libérateur, qui puisse rendre à la religion de Jésus-Christ son ancienne splendeur, qui puisse mettre un frein à l'audace des sectaires et relever l'esprit abattu des honnêtes citoyens. » (1)

Cette péroraison choqua les républicains. Il leur parut que la République était attaquée et méprisée par cela seul que le

---

(1) Spargete, o Signore, le vostre abbondanti benedizioni sulla nostra cara e diletta Francia ; gettate su di essa uno sguardo di misericordia e non vogliate lasciarla più lungo tempo gemere sotto il peso delle umane passioni. È vero che questa nobil nazione, deviando dai sani principii della ragione ed abusando delle vostre divine grazie, doveva aspettarsi a sentire gli effetti della vostra giusta e bollente collera ; ma non è stata ella abbastanza castigata, umiliata, calpestata? non ha ella abbastanza purgata la sua empietà, espiati i tradimenti di alcuni de'suoi snaturati figli? Deh! prestate un orecchio benevolo alle ardenti preghiere di tante anime elette, preghiere che ogni giorno ascendono come un gradito odore al vostro divino cospetto. Non siate insensibile a tante lagrime che sono state sparse nello spazio di due lustri in circa.

Tutti oramai ravveduti e compunti perdono vi domandiamo di vero cuore, promettendovi di menare all'avvenire una vita più cristiana, una vita più conforme alla vostra santa legge ; e se il pentimento non alberga ancora nei cuori di alcuni acciecati, per questi, o Signore, ad esempio del vostro divin prédicateur représentait l'état de la France sous des couleurs sombres et appelait de ses vœux un homme capable de l'améliorer.

Le 14 janvier, le Commissaire de police fit une enquête.

Le 4 février, le Procureur de la République requit le juge d'instruction d'informer régulièrement contre l'abbé Mattei qui était accusé d'avoir « dans l'église paroissiale, en assem- « blée publique et dans l'exercice de son ministère, prononcé « un discours contenant la critique ou censure du Gouver- « nement de la République et tendant à soulever une partie « des citoyens contre les autres. »

On l'accusait aussi d'avoir parlé de *spiriti malvagi* (esprits mauvais ou pervers). Les uns prétendaient que ces mots s'appliquaient aux Ministres de la République; d'autres pensaient qu'ils s'appliquaient à ceux qui retiennent le Pape captif au Vatican.

On se prévalait contre l'abbé Mattei de l'impression produite par son discours qui était, disait-on, généralement considéré comme une attaque dirigée contre le Gouvernement.

Le 6 février, il fut interrogé par le juge d'instruction.

Les questions qu'on lui adressa portaient principalement

Figlio, perdono vi domandiamo; si, perdonateli perchè non sanno quello che fanno.

Pieni di fiducia a voi ricorriamo o Signore, a voi che perdonaste al popolo d'Israello che era il vostro amato popolo, ogni qual volta penitenza egli facea delle sue iniquità; a voi che gli mandaste sempre un profeta per liberarlo dalla schiavitù del peccato, e condurlo nelle vie della salute e della pace; a voi ricorriamo, pregandovi caldamente di mandare a noi pure che siamo i figli di questa Francia cattolica, primogenita della Chiesa, un simile profeta che con tanta ansietà aspettiamo. Venga dunque oramai, in vostro nome questo liberatore che possa ridare alla Religione di Cristo il suo antico splendore, possa mettere un freno all'audacia dei settarii e rialzare lo spirito abbattuto degli onesti cittadini.

sur les mots *spiriti malvagi* et sur une phrase ainsi rapportée par des témoins : *Benedite la Francia che subisce il castigo delle sue colpe, e fate che ritrovi un liberatore per fargli acquistare il suo antico splendore.*

L'abbé Mattei ne fit que des réponses évasives et se borna à affirmer qu'il n'avait pas censuré le Gouvernement.

On le lui a reproché. On a dit qu'il aurait dû avouer franchement et loyalement ce qu'il avait prêché ; qu'en refusant de s'expliquer, il se reconnaissait coupable.

Mais il faut tenir compte de la situation d'esprit où il se trouvait. On lui avait annoncé qu'en sortant du cabinet du juge d'instruction il serait conduit en prison. Sa mère, quant il la quitta pour comparaître devant le juge, était tout éplorée. Dès le début de l'interrogatoire, il apprit qu'on l'accusait *d'avoir voulu armer une partie des citoyens contre les autres.* Cette accusation était de nature à impressionner vivement non-seulement l'abbé Mattei, mais toute autre personne qui eût été à sa place.

La défense qu'il n'avait pas présentée pendant son interrogatoire, il ne la présenta pas non plus dans la suite, son avocat ayant jugé à propos qu'il fît défaut. De là et de quelques autres incidents, il est résulté que l'affaire a pris une tournure défavorable. Le tribunal n'a pu se régler que sur les dépositions d'un petit nombre de témoins à charge, parmi lesquels deux étudiants âgés de vingt ans, qui reproduisaient comme ils pouvaient quelques passages du sermon, en y ajoutant leurs commentaires, peu bienveillants pour la plupart, mais qui ne donnaient pas et ne pouvaient pas donner l'ensemble de la péroraison incriminée.

Nonobstant l'absence de toute défense, l'accusation d'avoir voulu armer une partie des citoyens contre les autres fut bientôt écartée.

Il a été reconnu (le jugement par défaut le constate) que

les mots *spiriti malvagi* s'appliquaient non aux ministres du Gouvernement de la République, mais à ceux qui retiennent le Pape prisonnier au Vatican.

Il a été aussi reconnu que la population de Corte n'était pas unanime dans le jugement qu'elle portait sur le discours de l'abbé Mattei.

« Je dois à la vérité, dit le Commissaire de police dans sa déposition, de dire que dans l'esprit public il y a deux versions. Les uns prétendent que le prévenu a prononcé un discours dans le but de censurer le gouvernement ; les autres disent qu'il a voulu tout simplement faire allusion à l'état moral de la France. »

C'est dans ce dernier sens que s'est exprimé M. le Curé Venturini ; c'est l'impression qu'il a éprouvée. On a voulu tirer parti de quelques paroles de blâme qu'il aurait prononcées. M. Venturini a pu regretter que l'abbé Mattei, dans une partie de sa péroraison, se soit placé sur un terrain où les méprises étaient faciles pour les esprits prévenus, et il a dû dégager sa propre responsabilité. C'est tout ce qu'on peut conclure de ce qu'il a dit sur ce sujet.

Au surplus, l'abbé Mattei doit être jugé d'après les paroles qu'il a prononcées, et non d'après les commentaires qu'elles ont provoqués. Les propos tenus par quelques ecclésiastiques ou par d'autres habitants de Corte n'engagent que ces personnes mêmes. L'abbé Mattei n'y est pour rien, et il ne doit pas en porter la peine, d'autant plus qu'ils n'ont pas paru assez graves pour motiver des poursuites.

L'abbé Mattei a été condamné par défaut à 40 jours de prison, par application de l'art. 201 du Code pénal, ainsi conçu :

« Les ministres des cultes qui prononceront, dans l'exercice de leur ministère et en assemblée publique, un discours contenant la critique ou censure du Gouvernement, d'une loi, d'une ordonnance royale ou de tout autre acte de l'autorité publique, seront punis d'un emprisonnement de trois mois à deux ans. » (1)

Or l'abbé Mattei, comme on le voit par sa péroraison, sur laquelle l'accusation se concentre tout entière, n'a ni nommé ni désigné le Gouvernement ; il n'a critiqué ni censuré aucune loi, aucune ordonnance ou décret, aucun acte de l'autorité publique.

Toute sa péroraison n'est qu'une prière adressée à Dieu pour le salut de la France. C'est une forme de discours qui ne se prête point aux critiques et censures visées par l'art. 201 du Code pénal. Absolument parlant, on pourrait introduire dans une prière quelques mots répréhensibles ; mais pour qu'on découvre dans une invocation adressée à Dieu un délit prévu par le Code pénal, il faut que le sens des paroles incriminées soit tellement clair et certain qu'il n'y ait pas moyen de l'entendre autrement que les accusateurs. Que s'il doit en être ainsi dans les causes ordinaires, si tel est le principe admis par tous les jurisconsultes en matière pénale, combien plus cette règle devra-t-elle être suivie lorsqu'il s'agit d'aller chercher un délit dans un sermon, bien plus, dans une prière prononcée par un prêtre dans l'exercice de son ministère ! Quel est le prédicateur qui pourra se croire en sûreté si, en s'abstenant de toute *critique* et de toute *censure*, il doit être exposé à rendre compte de ses paroles, interprétées, torturées, détournées de leur véritable sens !

« Attendu, dit le jugement par défaut, que par ces mots : *Depuis deux lustres,* le prévenu a clairement indiqué que les souffrances prétendues du pays datent de l'avènement de la République ; qu'en disant, en outre, que depuis cette épo-

---

(1) C'est par l'admission des circonstances atténuantes que l'emprisonnement a été fixé à 40 jours.

que la France expie les péchés qu'elle a commis, qu'elle est déchue de sa grande situation dans le monde et qu'elle ne peut retrouver la fortune et la gloire perdue que sous la main réparatrice d'un homme providentiel, le prévenu a fait avec passion la censure du gouvernement de la République issu de la volonté nationale, puisqu'il le considère comme un châtiment *(un castigo)* des actions coupables du pays. »

Dans ce résumé, qui se fonde sur les seules dépositions des témoins à charge, le prévenu n'ayant pas présenté sa défense, il y a des choses que l'abbé Mattei n'a pas dites, un arrangement de mots et de phrases qui dénature sa pensée, et une couleur politique qu'il n'y a pas mise.

Sa péroraison se divise en deux parties.

Dans la première il déplore les malheurs de la France, malheurs qui sont le châtiment de ses fautes.

Il nous sera permis de faire observer que sur cette question les juges sont tombés dans une double erreur :

1° En ce qu'ils attribuent à l'abbé Mattei l'intention de mettre sur le compte de la République des calamités où elle n'a rien à voir.

2° En ce qu'ils ont cru que dans l'opinion de l'abbé Mattei et d'après le sens de son discours, les châtiments infligés à la France ne sont autre chose que l'établissement et l'existence de la République.

Les deux lustres, ou soit les dix années s'ouvrent par nos désastres de 1870 et de 1871, suivis de l'anarchie, des horreurs de la Commune, de la guerre civile et d'une grande effusion de sang.

Que ce soient là des calamités épouvantables, qu'elles aient fait couler beaucoup de larmes, même longtemps après les événements, qui oserait le nier ? Que la République n'y soit pour rien, puisqu'elle n'a été établie qu'après le gouvernement de la défense nationale et le septennat, nul ne le contestera. Que ce soient des châtiments du Ciel provoqués par des fautes antérieures aux *deux lustres*, c'est ce qu'on a cru et proclamé dans toute l'Europe, ce qui s'est dit dans toutes les chaires de France, ce qui se dira tant qu'il y aura une voix pour annoncer les vérités éternelles, pour avertir les peuples, pour leur rappeler qu'on ne brave pas impunément la justice divine, et que la main de Dieu finit toujours par s'appesantir sur une nation qui ne répond à ses bienfaits que par l'ingratitude et la révolte. Quel que soit le prêtre qui occupe la chaire, ces avertissements ne sont pas déplacés dans sa bouche. En les donnant, il ne fait que remplir sa mission.

Puisque l'abbé Mattei est appelé à rendre compte de ce qu'il a dit en prêchant et en priant; puisque le débat est porté sur le terrain des idées dogmatiques et morales (nous parlons de la morale évangélique; un prêtre, un vrai chrétien n'en connaît pas d'autre) on ne s'étonnera pas que nous fassions connaître le point de vue où l'abbé Mattei a dû se placer quand il a parlé des iniquités commises en France, et des malheurs qui en ont été la punition. Les préoccupations et les habitudes du monde officiel et politique ne lui laissent guère apercevoir que le côté humain des affaires publiques. L'Eglise les voit de plus haut, et pour apprécier un sermon, une prière, il faut savoir ce qu'elle enseigne.

Dès le règne de Louis Philippe, plusieurs évêques et autres ecclésiastiques annoncèrent très-expressément que si le blasphème public, la profanation du dimanche, le mépris des dogmes chrétiens et des préceptes évangéliques continuaient à se propager, la France porterait le poids de la vengeance divine. Pour tenir ce langage, ils n'avaient pas besoin d'être prophètes; les lumières de la foi et l'expérience de tous les siècles suffisaient pour leur apprendre qu'une nation insurgée contre Dieu marche inévitablement à sa ruine.

Ces avertissements, ces prédictions n'ont jamais cessé. On ne voulut pas en tenir compte. Il semblait que la prospérité de la France fût à l'abri de tous les revers; mais les désastres arrivèrent; et ils furent si grands, si cruels, que le monde entier en a été étonné.

Cette terrible leçon a été perdue. Non-seulement l'impiété, mais la haine de Dieu, haine sauvage, effrontée, satanique, s'est montrée au grand jour comme jamais elle ne l'avait fait. La profanation du dimanche, qui s'attaque directement à la majesté divine, a été pratiquée avec un redoublement d'ardeur et d'acharnement. Elle a été portée si loin que Pie IX, de sainte et glorieuse mémoire, a cru devoir s'exprimer ainsi, en parlant au promoteur de l'œuvre du dimanche, établie à Lyon en 1873 :

« C'est bien là l'œuvre nécessaire ; c'est l'œuvre capitale
« du salut de la France. Par la profanation du Dimanche, la
« France s'est constituée en état de péché mortel. C'est un
« crime national dont votre œuvre seule peut l'absoudre. »

A la profanation du Dimanche sont venus se joindre des excès de toute nature. (Nous parlons d'excès contre la religion.) Les sectes coalisées contre le christianisme gagnent toujours du terrain et le menacent d'une ruine très-prochaine. Les plus horribles blasphèmes contre N. S. Jésus-Christ, contre Dieu, contre tout ce qu'il y a de sacré, s'étalent tous les jours dans les feuilles révolutionnaires. Les prêtres, les religieux des deux sexes sont insultés, conspués, diffamés, quelquefois même frappés. On les livre au mépris public, on excite contre eux les haines populaires par toute sorte de moyens, et notamment par d'ignobles caricatures exposées aux regards du public.

Et tout cela n'est que le prélude d'hostilités beaucoup plus graves qui se préparent sans mystère. Quelles sont les craintes, quelles sont les inquiétudes qui agitent la France catholique, on peut le voir dans les documents que publient NN. SS. les Évêques; craintes et inquiétudes, pleinement justifiées par le langage que tiennent les organes du radicalisme.

Voici ce qu'on lisait dernièrement dans le journal le *Mot d'Ordre*.

« L'ennemi qu'il faut terrasser, ce n'est pas le jésuite Dulac, professeur à succès, mais le catholicisme avec son monstrueux ensemble de doctrines anti-sociales, avec l'odieux principe d'autorité dont il est la source. »

C'est ce que répètent tous les jours la *Justice*, le *Rappel*, l'*Égalité*, le *Père Duchesne*, le *Réveil Social*, le *Petit Parisien*, la *Petite République française*, le *Siècle*, et autres journaux dirigés par les chefs du parti prépondérant, par ceux qui demain peut-être seront nos maîtres.

Ce qu'ils disent dans leurs journaux, ils le disent aussi dans leurs discours. Le 18 avril dernier, M. Madier de Montjau, député de la Drôme, faisait une conférence à Bourg, pour l'érection d'une statue à Edgard Quinet qui voulait *étouffer le catholicisme dans la boue*. Voici un extrait de son allocution.

« Aujourd'hui le christianisme ne peut plus donner aux peuples qu'abrutissement et servitude.... L'ennemi ce n'est pas seulement le jésuite, ni les autres religieux; ce sont toutes les robes noires; son vrai nom c'est le catholicisme.... L'ennemi est dans vos familles; je tremble pour notre avenir quand je vous vois laisser votre femme se livrer à l'exercice paisible de sa religion. La liberté, est-ce que nous la devons à l'ennemi? L'égalité, est-ce qu'elle est possible avec des gens qui ont le confessionnal? Les robes noires partiront. Faites avec moi le serment de ne pas désarmer tant que vous n'aurez pas exterminé l'ennemi que vous savez. »

Est-ce qu'une pareille situation n'est pas très sombre? Est-ce qu'elle est faite pour consoler, pour rassurer? Les pressentiments, les prévisions que peuvent-ils être en présence des outrages que Dieu reçoit et qui doivent nécessairement rallumer sa colère?

Parmi ceux-là mêmes qui parlent en politiques et en hommes du monde on se montre alarmé; car la guerre déclarée à la religion entraîne avec elle la guerre à toutes les institutions sociales. C'est une vérité qu'on oublie trop souvent; mais il vient toujours un moment où l'on est forcé de la reconnaître.

« Lorsqu'un journal, dit *le Parlement*, demande la guerre pour de bon, avec de vraies balles et de vrais fusils; lorsque le même journal publie la liste complète des officiers généraux et supérieurs qui commandaient les troupes de Versailles lors de leur entrée dans Paris, désignant ainsi les chefs de notre armée aux vengeances des révolutionnaires; lorsqu'on proclame publiquement que la Commune de 1871 n'a été qu'un commencement, un 89 qui doit être l'aurore d'un nouveau 93; lorsque les réfugiés de Londres, sous la présidence d'honneur du forçat Trinquet et avec Hartmann pour assesseur, discutent froidement les voies et moyens les plus expéditifs pour reprendre l'œuvre de la Commune; lorsque dans cette réunion on profère les menaces les plus terribles contre la séquelle de Versailles, les Brisson, les Lockroy, Louis Blanc et autres, et on se promet une révolution où il faudra frapper dur et ferme; lorsqu'à ces appels, partis de l'étranger, répondent les comités socialistes et révolutionnaires qui s'organisent en France; lorsqu'à Marseille et en dépit de lois qui sont bien existantes, un comité central, au nom d'une *Société fédérative des groupes* (région du centre) publie des proclamations pour engager tous les travailleurs à la lutte du prolétariat contre la bourgeoisie; lorsqu'à Lyon, sans plus de souci de ces mêmes lois, une association se forme publiquement sous le nom *Cercle d'études socialistes des prolétaires collectivistes de Lyon;* lorsqu'enfin sur tous les points de la France le parti de la Commune relève la tête plus arrogant, plus menaçant que jamais, il est permis aux esprits les moins timides de concevoir quelques alarmes. »

Soutiendra-t-on maintenant que nul ne peut déplorer l'état présent de la France, ni affirmer qu'elle a grand besoin du secours du Ciel, sans critiquer et censurer par cela même le gouvernement de la République? Le gouvernement déplore beaucoup de choses qu'il ne peut pas empêcher. Le flot toujours montant du radicalisme l'enveloppe de toutes parts et le réduit souvent à l'impuissance. Pour lui aussi les radicaux ont des injures et des menaces.

Ainsi l'abbé Mattei, en priant le Seigneur de ne plus laisser gémir la France sous le poids des passions humaines et en invoquant sur elle la miséricorde divine, n'a rien dit qui ressemble ni de près ni de loin à une censure du gouvernement de la République.

Venons maintenant à la dernière partie de sa péroraison.

Dieu envoya jadis aux Israélites, toutes les fois qu'ils faisaient pénitence, un *prophète pour les délivrer de la servitude du péché, et les conduire dans la voie du salut et de la paix.* Nous le prions à notre tour de nous envoyer un de ces *prophètes (un simile profeta)* un libérateur qui puisse rendre à la *religion de Jésus-Christ* son ancienne splendeur, mettre un frein à l'audace des sectaires et relever l'esprit abattu des honnêtes citoyens.

Voilà tout le fond de cette dernière partie de la péroraison.

S'agit-il d'un personnage religieux ou d'un personnage politique?

D'après le jugement par défaut, c'est un personnage tout à fait politique. C'est un homme providentiel dont la main réparatrice peut seule rendre à la France son ancienne gloire.

Dans la prière de l'abbé Mattei, c'est tout autre chose.

L'abbé Mattei fait un rapprochement entre le peuple d'Israel qui était le peuple aimé de Dieu, et la France qui est la fille aînée de l'Eglise. Toutes les fois que le peuple d'Israel faisait pénitence de ses iniquités, Dieu lui envoyait un *prophète* pour le *délivrer* de l'esclavage du péché et le conduire dans la *voie du salut* et de la paix.

Nous aussi, enfants de la France, pénétrés de componction, nous demandons à Dieu qu'il nous envoie un *prophète* semblable à ceux qu'il envoyait aux Israélites ; nous souhaitons que ce libérateur vienne *au nom de Dieu* pour rendre *à la religion* son ancienne splendeur, pour réprimer l'audace des sectaires et relever l'esprit abattu des honnêtes gens.

L'abbé Mattei a donc parlé d'un *prophète*, d'un personnage essentiellement religieux et dont la mission serait principalement religieuse. Si l'on nous objectait que le temps des prophètes est passé, nous répondrions que le nom de *prophète* est pris ici, comme en beaucoup d'endroits des Saintes Ecritures, dans son acception la plus large, et signifie un de ces hommes spécialement envoyés de Dieu pour faire connaître aux hommes sa volonté, bien qu'ils ne prédisent pas l'avenir. Ce serait, en d'autres termes, un homme apostolique, comme on en a vu plusieurs, un de ces hommes puissants en paroles et en œuvres qui ont converti des nations entières, et qui en les ramenant à Dieu, les ont délivrées des maux dont elles étaient accablées.

Que beaucoup d'auditeurs de l'abbé Mattei n'aient pas saisi cette idée trop étrangère à leurs préoccupations, qu'ils aient voulu voir dans cette description un homme politique, et qu'ils se soient obstinés dans ce sentiment, on le conçoit jusqu'à un certain point.

Cependant le mot *prophète* a été entendu par M. le curé Venturini, et sans doute aussi par beaucoup d'autres, par ceux qui selon la déposition du Commissaire de police ont cru que le prédicateur ne s'était occupé que de l'état moral de la France.

Mais quand même le personnage décrit par l'abbé Mattei serait un personnage politique, rien n'empêcherait de supposer que par le jeu des institutions républicaines, et sans autre secours que celui-là, il deviendrait capable d'accomplir les grandes choses qu'on attendrait de lui. Dans ce désir très-légitime il n'y aurait rien qui fût de nature à provoquer les rigueurs de la justice.

Le tribunal de Corte, jugeant par défaut, paraît avoir senti que l'accusation portée contre l'abbé Mattei, peut sembler difficile à justifier, et que les paroles incriminées, alors même qu'on adopterait la version contenue dans le jugement, ne suffiraient point pour constituer le délit visé par l'art. 201 du Code Pénal.

Nous disons qu'il paraît l'avoir senti, car il a cru devoir appuyer en grande partie la condamnation sur diverses circonstances qualifiées *aggravantes*. Ces circonstances, les voici :

1° A la fin de l'invocation qui termine son discours, l'inculpé a exprimé des vœux pour le Saint-Père et pour toute la hiérarchie ecclésiastique, tandis que, contrairement aux usages reçus, il n'a pas fait de vœux pour le chef de l'État, ni pour les pouvoirs publics.

2° Non content de cette omission calculée et significative, l'orateur, *séparant la France de la République,* a appelé les bénédictions du Ciel *sur notre chère et belle patrie, sur la fille aînée de l'Église.*

3° L'orateur n'a pas pu improviser sa péroraison, car il n'a pas encore l'habitude de la chaire. C'est donc avec préméditation qu'il s'est livré à des appréciations politiques qui renferment la critique aussi amère qu'imméritée des institutions nationales.

4° L'abbé Perfettini, autre vicaire de l'église de Corte, a tenu, en parlant pour lui-même et pour l'abbé Mattei, des propos contre les républicains.

5° L'abbé Mattei, en refusant de s'expliquer devant le juge d'instruction, s'est reconnu coupable.

6° L'impression éprouvée par toute la population de Corte a été des plus pénibles.

Nous disons que l'abbé Mattei a été accusé d'avoir critiqué, censuré le gouvernement, qu'il a été condamné comme coupable d'avoir censuré le gouvernement, et que s'il ne l'a pas censuré, on aura beau accumuler des circonstances secondaires ou accessoires, cela ne prouvera pas que l'abbé Mattei mérite d'être puni, et puni d'une peine aussi grave qu'un emprisonnement de quarante jours. Pour qu'il y ait des circonstances aggravant un délit, il faut d'abord qu'il y ait un délit; pour qu'il y ait des circonstances aggravant le délit d'avoir censuré le gouvernement, il faut que le gouvernement ait été censuré; sans quoi toutes les circonstances du monde n'auront pas plus de valeur que n'en auraient en arithmétique beaucoup de zéros qui ne seraient pas précédés au moins d'une unité.

L'omission des vœux pour le Gouvernement et pour beaucoup d'autres autorités n'est pas un délit; ces vœux ne sont prescrits par aucune loi ecclésiastique. Ils n'ont jamais été, pour le dernier jour de l'an, d'un usage général. A Corte même, il n'y a point d'usages qui les rendent obligatoires. M. le curé Venturini a déposé que lorsqu'il a fait le discours du dernier jour de l'an, il n'a exprimé aucun vœu de ce genre.

Autre chose sont les prières, autre chose les vœux ou bénédictions. L'Eglise prie pour tout le monde, même pour les pécheurs les plus obstinés. Pour ce qui regarde le Gouvernement, lorsqu'il demande des prières, il y a pour lui des oraisons spéciales, dans la forme prescrite par le Souverain Pontife. Quant aux vœux ou *bénédictions* pour diverses catégories de personnes, ils dépendaient toujours du prédicateur, tant pour le fond que pour la forme. L'état de la société s'étant profondément modifié, il est permis de croire, et cela pour plusieurs motifs, que le parti le plus sage est de s'en tenir aux bénédictions prescrites et formulées par l'Église.

Appeler la bénédiction du Ciel sur la France, en l'appelant la fille aînée de l'Eglise catholique, bien qu'on n'ait pas béni les autorités, n'est pas et ne sera jamais un délit.

L'abbé Mattei déclare que sa péroraison était écrite et il en produit le texte. Quant à son silence devant le juge d'instruction, nous l'avons déjà expliqué.

L'abbé Mattei n'est point responsable des bavardages auxquels a donné lieu son discours. Il n'a autorisé personne à tenir les propos que l'on met dans la bouche de l'abbé Perfettini.

Quant aux impressions, il s'en faut beaucoup qu'elles aient été uniformes. Elles ont varié selon les dispositions et les préoccupations des auditeurs, selon leurs préférences ou leurs antipathies, et aussi selon leurs intérêts réels ou présumés; car il y a toujours en pareille occasion des gens qui aiment à se faire valoir en prenant la défense du Gouvernement, alors même qu'on ne l'attaque point.

Qu'on relise, nous le répétons, la déposition du Commissaire de police. On y verra qu'il y avait à Corte deux versions sur le caractère et la portée du discours; que d'après une de ces versions, l'orateur n'avait voulu parler que de l'état moral de la France.

Les juges eux-mêmes n'ont pas pu rapporter un seul mot de l'abbé Mattei qui contienne une censure, une critique du Gouvernement ou de ses actes. Tout se réduit à des paroles de compassion pour l'état présent de la France et à des vœux pour que cet état s'améliore.

Est-ce qu'on ne pourra pas, sans s'exposer à être traîné devant les tribunaux, penser et dire que l'état du pays, au point de vue religieux et moral, n'est pas satisfaisant ? Est-ce qu'on ne pourra pas le penser et le dire lorsque tout le monde le dit en France et en Europe, lorsque ceux-là mêmes qu'on appelle *satisfaits* n'envisagent qu'avec terreur l'avènement plus ou moins prochain de quelque nouvelle couche qui les mettrait au rang des vaincus?

Si l'on nous objectait que beaucoup de choses se disent dans le monde qui ne sont pas à leur place dans un sermon, nous n'y contredirons pas. Mais l'abbé Mattei n'est entré dans aucun détail; il s'est exprimé d'une façon très générale. Il a fait ce qu'ont fait, dans tous les temps, dans tous les lieux, sous tous les régimes, les orateurs sacrés qui l'ont précédé. Sous les gouvernements les plus absolus, les prédicateurs ont déploré, dans l'exercice de leur ministère, les péchés des peuples, ainsi que les châtiments dont ils avaient été suivis; ils ont, à cette occasion, prêché la pénitence et imploré la divine miséricorde, sans qu'on ait jamais pensé à leur en faire un crime.

Le délit visé par l'article 201 du Code pénal consiste dans la censure expresse et directe des actes du gouvernement. On ne saurait l'entendre autrement, ni l'appliquer à des expressions d'un caractère inoffensif ou douteux, sans ouvrir la porte à des délations, à des dénonciations de tous les jours, à des interprétations et à des poursuites arbitraires qui mettraient la tyrannie et la terreur à la place de la justice; et le moment viendrait peut-être où l'on ne pourrait pas prêcher contre l'athéisme, contre le blasphème, contre la profanation des choses saintes et autres impiétés, sans être accusé de faire la censure du Gouvernement.

Il n'est pas possible qu'après examen et discussion, le discours de l'abbé Mattei soit qualifié de séditieux. Il n'est pas possible que les lois pénales soient entendues et appliquées en Corse autrement que dans le reste de la France, et que dans un pays foncièrement chrétien on impose à la prédication évangélique des entraves qu'elle ne connaît point à Paris, siége du gouvernement et foyer du radicalisme.

Le Vendredi Saint, en présence de S. E. le Cardinal Archevêque de Paris et d'un immense auditoire, le P. Monsabré a prêché sur la Passion de N. S. Jésus-Christ. Voici comment il a terminé son discours :

« Ayons pitié de ce qui souffre, ayons pitié de ce qui pleu-
« re, mais aussi pitié des proscripteurs, pitié de ceux qui
« persécutent la religion, et qui déshonorent le pouvoir remis
« dans leurs mains. »

Ces paroles, reproduites par le *Gaulois* du 27 mars, n'ont pas motivé de poursuites. Qu'on les compare à celles de l'abbé Mattei, et que l'on juge.

Le mémoire qui précède ne s'appliquant qu'à la réfutation du prétendu délit imputé à l'abbé Mattei, il y a lieu d'y ajouter quelques détails sur la procédure qui a été suivie et sur les incidents qui se sont produits.

Notons tout d'abord que le premier mot accusateur qui ait été recueilli par la procédure contre l'abbé Mattei, est venu de M. l'avoué Benedetti au sein du Conseil de fabrique, dont il est le Président, dans la séance du 4 janvier. Il interpella vivement le curé sur la péroraison du sermon du 31 décembre où bien des personnes avaient vu, a-t-il dit, des allusions contraires au gouvernement de la République. M. le Curé répondit qu'on attachait trop d'importance à quelques paroles plus ou moins précautionnées; — qu'il fallait s'attacher à l'idée plutôt qu'à la lettre, — et qu'en réalité, le prédicateur ne lui semblait avoir visé que l'état moral de la France. Malgré cela, le Président du Conseil de fabrique aurait voulu faire supprimer le traitement du Vicaire; cependant aucune décision ne fut prise; mais le 12 janvier un procès-verbal du Commissaire de police fut dressé d'après des renseignements fournis, disait-il, *par des hommes très-respectables dont il n'aurait donné les noms que contraint et forcé.*

Après une instruction régulière, l'abbé Mattei est renvoyé au correctionnel, et son avocat, qui prend connaissance de la procédure, lui fait connaître les variantes et les incertitudes qui régnaient sur la nature des paroles incriminées, et sur le sens qu'il fallait leur attribuer. Alors il se décide à faire appel aux deux personnages les plus éclairés de son auditoire et dont la position et le caractère lui inspiraient une pleine confiance; ce sont M. le Président du Tribunal et M. le Curé de la paroisse. Mieux que personne, par la nature même des fonctions qu'ils exercent, ils étaient en mesure de bien saisir et de comprendre la portée des expressions dont l'abbé Mattei s'était servi.

Cet ecclésiastique se préoccupait moins de savoir quels seraient ses juges que de la nécessité de bien éclaircir les faits et d'assurer la manifestation de la vérité.

Rien ne paraissait plus naturel ni plus juste; et cependant la citation notifiée à M. le Président a donné lieu à de fâcheux incidents auxquels ce jeune prêtre ne se serait jamais attendu et qui ont peut-être pesé sur le sort du procès. A l'appel de son nom, M. le Président signale la citation qu'il a reçue comme une manœuvre pour le faire descendre de son siége et invite le Tribunal à aviser. L'abbé Mattei, assis sur la sellette, est interpellé à cet égard et répond que son défenseur donnera des explications; M⁰ Santelli, chargé de la défense, ne se trouvait pas en ce moment à la barre : convaincu qu'on aurait d'abord statué sur trois affaires restant à juger de la veille, il attendait dans la chambre des avocats. Après avoir renvoyé sans discussion ces trois affaires à une autre audience, le Tribunal, sans faire prévenir le défenseur, passe à l'affaire Mattei et donne la parole au Ministère public qui déclare s'en rapporter à sa sagesse; puis il entre en chambre du conseil et en revient bientôt pour prononcer un jugement, qui, en proclamant la prétendue manœuvre, annulle la citation à témoin dont il s'agit.

M. Benedetti reprend aussitôt son siége et la situation du

prévenu devient critique. Le défenseur averti se présente et explique au Tribunal le sentiment qui l'avait dirigé en faisant citer les deux témoins à décharge ; il demande 5 ou 10 minutes pour se concerter avec le prévenu ; mais le Tribunal déclare qu'il n'a pas à surseoir un seul instant ; l'avocat se retire, le prévenu le suit, et tous deux vont au greffe faire appel du jugement et acte de récusation à l'égard de M. Benedetti qui, appelé comme témoin, ne peut être juge. Le Tribunal commence, en l'absence du prévenu, l'audition des témoins ; et M. le Greffier, au commencement de la troisième déposition, va déclarer au Président qu'il existe un appel et une récusation ; mais rien n'y fait ; il est passé outre et le prévenu est condamné par défaut, à 40 jours d'emprisonnement.

Ce jugement a été rendu le 19 mars 1880. Les juges sont : MM. Benedetti, Levie-Ramolino et Guelfucci. Il a été frappé d'appel, le prévenu n'ayant pas cru devoir expérimenter la voie de l'opposition ; M. le Procureur de la République paraît ne pas avoir été satisfait de la peine prononcée puisqu'il a fait appel *à minima*.

Le 23 mars, le Tribunal a statué sur la récusation et l'a rejetée en condamnant l'abbé Mattei à 150 francs d'amende. Cette décision a été elle-même frappée d'appel.

C'est ainsi que la Cour est saisie de trois appels, dont deux portant sur des incidents, et l'autre sur le fond. Ce dernier a été discuté d'une façon complète et irréfutable dans la première partie de ce mémoire. Il est bien évident qu'aucune pensée politique n'a dominé le prédicateur, que son genre de vie, entièrement conforme aux devoirs de son état, aurait dû mettre à l'abri de la malveillance qui le poursuit.

Avant d'examiner les deux appels relatifs à des incidents, il y a lieu d'indiquer certaines circonstances qui s'y rattachent. Elles sont tirées du procès-verbal du 12 janvier qui est le premier acte de la poursuite et où se trouve le reflet de toutes les interprétations données aux paroles de l'abbé Mattei.

On avait dit que, préméditant son attaque contre la République, cet ecclésiastique s'était affranchi de l'obligation de communiquer son discours à M. le Curé; et M. le Curé de déclarer que cette communication n'est point d'*usage* ni de *devoir*.

On avait ajouté que, par contre, il l'avait montré à M. le sacristain Danesi et que celui-ci lui avait fait observer qu'il y avait là des choses qu'on ne doit pas dire en chaire; or, ce bon vieux prêtre entendu, sous la foi du serment, a affirmé n'avoir reçu aucune communication du discours.

Enfin on avait prêté à M. le Curé des propos impossibles, à savoir qu'il avait été saisi d'indignation en entendant les paroles incriminées et qu'il n'avait pas, à ce moment, quitté brusquement l'Église afin de ne pas ajouter au scandale; — Or, M. le Curé a protesté contre de pareils propos qui venaient, il faut bien le dire, de la bouche de l'avoué Benedetti.

Tout l'échaffaudage de la prévention tomberait évidemment avec ces trois faits, mais les esprits étaient surexcités et il a fallu persister.

Il importe de résumer ici les principales variantes qui se sont produites dans la procédure au sujet du discours incriminé. D'après le procès-verbal du 12 Janvier qui présente la première version, le vicaire Mattei se serait exprimé en ces termes :

« Bénissez cette France, si prospère, si catholique, aujour-
« d'hui si malheureuse par les fautes qu'elle a commises.
« Prions Dieu pour qu'il lui envoie un libérateur, un sauveur,
« car depuis *due lustri* (dix ans) *elle gémit entre les mains*
« *d'hommes pervers*, à ce point que la conscience des hon-
« nêtes gens est aujourd'hui abattue. »

Ainsi, voilà la première version, celle qui a dû servir à tous les commentaires pendant 12 jours et l'on verra ce qu'il en reste. Dans le procès-verbal du 14 janvier les propos n'étaient déjà plus les mêmes. Il n'est plus question des *hommes pervers qui tiennent la France entre leurs mains*. Ce n'est plus une attaque directe contre la République, mais simplement des allusions, des mots à double sens qu'on a mal interprétés, faisant surgir la question intentionnelle, dans laquelle l'abbé Mattei trouvera toujours, quoi qu'on en dise, un refuge assuré.

Voici, d'ailleurs, les quatre déclarations recueillies par le Commissaire de police.

1° *M. Benedetti*, avoué. — *Bénédiction du Ciel sur la France qui depuis deux lustres subit ses fautes (subisce le sue colpe)*. Au fond, dit le témoin, la pensée de M. le Vicaire était celle-ci : « Que la France marchait aux abîmes, que les « esprits étaient abattus et qu'un libérateur était nécessaire « pour lui donner son ancienne splendeur. »

2° *M. Ordioni*, avoué, secrétaire du Parquet, habitué à copier des réquisitoires. — « *Bénissez la France qui subit* « *le châtiment de ses fautes et faites qu'elle retrouve un* « *libérateur pour lui faire acquérir son ancienne splen-* « *deur*. Sans pouvoir garantir les véritables expressions dont « s'est servi l'abbé Mattei, sans pouvoir même attester que « tels ont été ses propres mots, je puis affirmer que le fond « de la pensée est celui qu'il est facile de saisir en lisant les « paroles susdites ; M. Mattei a eu la pensée intime et pré- « méditée de censurer tout au moins les institutions républi- « caines du Gouvernement français. »

3° *Giudicelli*, 20 ans, étudiant. — L'abbé Mattei a parlé « *de cette France jadis si prospère et si catholique qui* « *depuis 10 ans subit le châtiment de ses fautes. Bénissez* « *cette belle et chère France et envoyez-lui un sauveur*. Le témoin continuant, « *de cette France anciennement si* « *riche, si catholique, qui depuis deux lustres subit aux*

« *mains d'hommes pervers le châtiment de ses fautes.*
« *Envoyez-lui un libérateur, un sauveur.* Je ne me sou-
« viens pas bien aujourd'hui des mots ; mais, dans ma pensée,
« l'abbé Mattei a voulu censurer le Gouvernement et les
« institutions. En résumé, je dis que si ce ne sont pas textuel-
« lement les paroles qui ont été prononcées, c'est du moins
« le sens du sermon. »

4° *Rossi*, 20 ans, étudiant. — « L'abbé a parlé du St-Père
« retenu au Vatican par des esprits pervers. Puis, en parlant
« de la France il a dit : « *Je prie Dieu d'envoyer un libé-
« rateur à cette France jadis si prospère, si catholique,
« qui subit en ce moment le châtiment de ses fautes, car
« depuis dix ans la conscience des honnêtes gens est
« abattue.* Je ne pourrais pas aujourd'hui vous affirmer que
« les paroles citées plus haut soient textuellement celles qu'a
« prononcées le vicaire ; mais, à mon avis, c'est le véritable
« sens. »

Voilà des témoins bien sévères pour l'abbé Mattei. Ils ont saisi par-ci par-là quelques mots, quelques membres de phrases dans le discours incriminé et en ont fait le corps du délit que le Tribunal a retenu dans son jugement. Mais qui ne sait combien sont grandes les difficultés de la preuve en matière de délit de la parole qui, passant fugitive sur des esprits plus ou moins attentifs ou intelligents, ne laisse et ne peut laisser que des traces incomplètes, alors surtout qu'elle n'est pas relevée à l'instant même ! Après tout, ces déclarations, les seules qui se soient produites à l'audience, expriment claire-ment les plus grandes incertitudes, elles ne garantissent aucune des expressions que les témoins ont cru avoir saisi et se rejettent sans merci sur le sens qu'ils y croient attaché, et qui n'était peut-être pas à la portée de leur intelligence.

C'est en l'état de ces divergences et de ces incertitudes qu'est apparue aux yeux du prévenu la nécessité d'en appeler aux auditeurs les plus autorisés du sermon du 31 décembre. Or, il est certain que M. le Président Benedetti a été témoin auriculaire de ce sermon, et à ce titre il pouvait être fait utilement appel à ses souvenirs. Le Parquet, comme le prévenu, étaient parfaitement en droit de l'assigner, sans que l'on pût dire que c'était là une *véritable manœuvre* pour l'empêcher de siéger comme juge. Le Tribunal a objecté que toute la population était présente et qu'il y avait un choix facile de témoins sans recourir à un magistrat; mais d'abord nous avons vu le choix heureux qu'a fait le ministère public et le peu de précision que ses témoins ont apporté dans leur dire. Si l'abbé Mattei avait cherché ses témoins dans le parti contraire à celui qui a provoqué l'action publique à son encontre, n'aurait-on pas dit de lui que c'était un homme d'opinion, qu'il avait appelé à son secours des coreligionnaires politiques, et qu'enfin il avait voulu mettre les deux partis de la ville en présence dans le temple de la justice? Ce scrupule honnête et sage l'a privé de témoins précieux à sa défense qui seraient venus, et pourraient encore venir, affirmer que tout son discours se renfermait dans l'ordre moral et religieux, et en dehors de la politique à laquelle il demeure scrupuleusement étranger.

C'est ainsi qu'il a fait assigner M. le Président et M. le Curé. Avec les questions précises qu'il aurait pu leur poser, son manuscrit à la main, il eût été facile de fixer le Tribunal et la Cour sur la nature des paroles proférées et le sens qu'ils y avaient attaché.

L'abbé Mattei n'a fait qu'obéir aux besoins de sa défense. Il s'était livré à ses témoins et à leur loyauté avec une entière confiance.

S'il avait cédé à la préoccupation qu'on lui a prêtée, au lieu de chercher à écarter M. le Président Benedetti, ses efforts auraient tendu à éliminer M. le suppléant Guelfucci qui, au sein même du Conseil de fabrique, avait fait écho aux attaques dirigées contre lui par M. l'avoué Benedetti et avait même annoncé les poursuites qui se sont, en effet, réalisées. Le jugement va jusqu'à dire qu'il y avait eu, dans ce Conseil, unanimité pour blâmer le Vicaire ; donc M. Guelfucci se serait associé à ce blâme. Et pourtant l'abbé Mattei l'a laissé juger.

D'un autre côté, il est à remarquer que dans le cas où M. le Président Benedetti n'aurait pas siégé, le Tribunal n'aurait pu se compléter que par l'adjonction de M. l'avocat Giuli qui avait déjà concouru au jugement rendu sur l'incident relatif à la citation des témoins appelés par le prévenu. Or, nul n'ignore à Corte que l'abbé Mattei n'avait pas à compter sur la bienveillance de M. l'avocat Giuli.

Il est un principe tutélaire qui veut que tout soit discuté librement devant les tribunaux, surtout en matière répressive ; et puisque M. le Président Benedetti avait entendu le sermon incriminé, ne semblait-il pas plus normal qu'il rapportât ses impressions à la justice comme témoin plutôt que de juger ? Les impressions du témoin peuvent être discutées à la barre et, le cas échéant, rectifiées ; il n'en est pas de même de celles du Juge, et si elles sont erronées, la vérité peut en souffrir avec la plus parfaite bonne foi.

Devant les tribunaux on juge *secundùm acta et probata,* et non sur des faits ou des impressions qui ne peuvent être discutés. Ce n'est qu'à ce prix que peut s'exercer la juridiction d'appel. Inutile d'insister davantage sur un ordre d'idées qui n'échappera point à la sagesse de la Cour.

Mais d'autres questions se dégagent de ce procès : M. le Président Benedetti pouvait-il soulever un incident, alors qu'il avait été l'objet d'une citation en qualité de témoin ? Ce droit ne lui appartenait point ; il pouvait tout au plus appartenir au ministère public qui s'en est désintéressé, bien qu'on ait fait appel à ses réquisitions, en s'en rapportant simplement à la sagesse......

Le jugement qui a été rendu sur cet incident est donc nul à ce premier point de vue, comme ayant été provoqué par une personne sans qualité. Il est aussi nul en ce qu'il déclare sans effet une citation à témoin parfaitement légitime et qui n'était pas le résultat d'une manœuvre.

En France, il n'est donné à personne de refuser son témoignage à la justice, quelque haut placé que l'on soit. C'est là un principe d'ordre public qui tient au droit sacré de la défense et à l'intérêt plus sacré encore de la manifestation de la vérité. La société tout entière a intérêt au maintien intégral de ce principe, sans s'arrêter à des susceptibilités personnelles que l'on respecte, mais qui ne s'imposent point. Ce n'est pas la première fois, d'ailleurs, que les Présidents de Corte ont été appelés en témoignage à Corte même, en matière civile comme en matière correctionnelle ; il y a à peine quatre ans que ce même Tribunal *tout entier* a été obligé de venir déposer à Bastia dans une affaire qui a abouti à 40 fr. d'amende.

L'appel et la récusation qui ont été faits instantanément à la suite de ce jugement d'incident devaient avoir un effet suspensif ; et cependant ni le magistrat récusé, ni le Tribunal ne s'y sont arrêtés. Ce faisant, ils ont, sans le vouloir, compromis l'intérêt du prévenu en le privant d'un témoin acquis à la cause et qui ne pourrait plus être entendu après avoir jugé, s'il plaisait à la Cour, en annulant ce jugement, d'ordonner qu'il soit procédé d'une façon plus régulière. Le Tribunal aurait bien pu accéder à la demande faite par le défenseur pour obtenir un répit de quelques minutes, afin d'aviser, en l'état du jugement inattendu qui venait d'annuler la citation que quelques-uns ont pu trouver intempestive, mais qui n'en était pas moins légale et sincère.

Le Tribunal a supposé, paraît-il, que c'était pour faire appel que le défenseur avait demandé une courte suspension d'audience; mais où était le mal si l'affaire éprouvait un retard pour permettre à la juridiction supérieure d'apprécier un incident aussi sérieux ? Un ministre de l'autel, traduit en police correctionnelle pour un fait de prédication, n'aurait-il pas mérité quelques égards, au moins jusqu'à ce que la justice eût dit son dernier mot ? D'ailleurs, dès l'instant où l'appel et la récusation ont été portés à la connaissance de M. le Président, procédant par défaut, ne fallait-il pas s'arrêter ?

Le Tribunal dit que c'était un jugement préparatoire, n'ayant pas d'effet suspensif; mais c'est là une erreur, puisqu'en supprimant de la cause un témoin essentiel et en qualifiant la citation de manœuvre, il portait atteinte à la défense du prévenu. En tout cas, le Tribunal pouvait-il apprécier le caractère préparatoire ou interlocutoire de son propre jugement ?

Ne devait-il pas en être de même au sujet de la récusation ? Il est de principe qu'un magistrat récusé doit s'abstenir, ne peut passer outre, car il juge alors dans sa propre cause.

La récusation, dit le jugement, *a été faite tardivement, c'est-à-dire, après le jugement qui avait annulé la citation;* mais c'est là un raisonnement erroné, puisque la récusation n'a pu et ne pouvait se produire qu'après ce jugement. C'est précisément cette décision judiciaire qui a créé les causes de récusation. On n'avait pas à récuser le magistrat tant qu'il restait en présence de la citation, et ce n'est que lorsqu'il a été momentanément affranchi de ce lien que le prévenu s'est trouvé dans la nécessité de recourir à la récusation, en même temps qu'il faisait appel du jugement qui venait d'être rendu, afin qu'il plût à la Cour de le retenir au procès en qualité de témoin. Si la récusation s'était produite auparavant, n'aurait-on pas donné une apparence de fondement à la supposition, formulée depuis, que l'abbé Mattei ne poursuivait qu'un but : faire descendre le magistrat de son siége, puisqu'il le récusait en même temps qu'il le citait comme témoin ?

L'abbé Mattei a bien vivement regretté que M. le Président Benedetti se soit cru offensé par la citation, mais la bonne foi la plus entière a présidé à cet acte tout légal. L'acte de récusation constate que ce magistrat a invité le Tribunal a annuler la citation comme n'étant qu'une manœuvre pour le faire descendre de son siége; et en l'état de cette énonciation non déniée, on se demande si M. Benedetti devait juger; ce qui n'a point empêché le Tribunal de condamner encore le prévenu à une amende de 150 francs.

Par toutes les considérations qui viennent d'être invoquées, le vicaire Mattei compte sur la haute sagesse de la Cour pour apprécier impartialement toutes choses et le décharger des condamnations prononcées contre lui.

Bastia, 30 avril 1880.

Abbé **MATTEI**.

www.ingramcontent.com/pod-product-compliance
Lightning Source LLC
Chambersburg PA
CBHW060721050426
42451CB00010B/1567